在ㄗㄞˋ我ㄨㄛˇ小ㄒㄧㄠˇ時ㄕˊ候ㄏㄡˋ， 有ㄧㄡˇ一ㄧ天ㄊㄧㄢ，
天ㄊㄧㄢ空ㄎㄨㄥ降ㄐㄧㄤ下ㄒㄧㄚˋ一ㄧ百ㄅㄞˇ多ㄉㄨㄛ公ㄍㄨㄥ分ㄈㄣ深ㄕㄣ的ㄉㄜ雪ㄒㄩㄝˇ。

我ㄨㄛˇ的ㄉㄜ故ㄍㄨˋ事ㄕˋ
就ㄐㄧㄡˋ這ㄓㄜˋ樣ㄧㄤˋ開ㄎㄞ始ㄕˇ了ㄌㄜ……

小天下

BLIZ
暴風雪

ZARD

文・圖／約翰・洛可　譯／黃聿君

快ㄎㄨㄞˋ下ㄒㄧㄚˋ課ㄎㄜˋ的ㄉㄜ時ㄕˊ候ㄏㄡˋ，
天ㄊㄧㄢ空ㄎㄨㄥ飄ㄆㄧㄠ下ㄒㄧㄚˋ了ㄌㄜ第ㄉㄧˋ一ㄧ片ㄆㄧㄢˋ雪ㄒㄩㄝˇ。

緊接著，落下更多更多的雪。

狂風呼呼的吹，
學校提早
放學。

吔！

等我和姊姊回到家，
積雪已經超過小腿了。

雪下了一整夜，

我還以為
永遠都
不會
停。

第二天早上，戶外積了一層厚厚的雪，
連門都沒辦法推開。

我們只好從窗戶爬出去。

我ㄨ們ㄇㄣ陷ㄒㄧㄢ入ㄖㄨ又ㄧㄡ深ㄕㄣ又ㄧㄡ冰ㄅㄧㄥ的ㄉㄜ雪ㄒㄩㄝ堆ㄉㄨㄟ裡ㄌㄧ， 笑ㄒㄧㄠ得ㄉㄜ好ㄏㄠ開ㄎㄞ心ㄒㄧㄣ。

不ㄅㄨ過ㄍㄨㄛ走ㄗㄡ路ㄌㄨ就ㄐㄧㄡ很ㄏㄣ難ㄋㄢ了ㄌㄜ，
好ㄏㄠ像ㄒㄧㄤ在ㄗㄞ雪ㄒㄩㄝ白ㄅㄞ的ㄉㄜ流ㄌㄧㄡ沙ㄕㄚ裡ㄌㄧ前ㄑㄧㄢ進ㄐㄧㄣ。

每ㄇㄟ走ㄗㄡ幾ㄐㄧ步ㄅㄨ， 我ㄨㄛ就ㄐㄧㄡ得ㄉㄟ停ㄊㄧㄥ下ㄒㄧㄚ來ㄌㄞ休ㄒㄧㄡ息ㄒㄧ。

積雪厚到連雪橇都滑不動。

呼叫雪橇犬。

回到家的時候，
我們又溼又冷又累。

大家一起圍坐在暖爐前，
小口喝著熱呼呼的巧克力牛奶，
腳丫子有點刺痛。

第三天，爸爸清除車道上的積雪。
這樣，鏟雪車來的時候，
我們家的車才開得出來。

我ㄨㄛˇ們ㄇㄣ˙在ㄗㄞˋ雪ㄒㄩㄝˇ堆ㄉㄨㄟ下ㄒㄧㄚˋ
挖ㄨㄚ隧ㄙㄨㄟˋ道ㄉㄠˋ、 掘ㄐㄩㄝˊ密ㄇㄧˋ室ㄕˋ。

到ㄌㄠ了ㄌㄜ第ㄉㄧ四ㄙ天ㄊㄧㄢ，鏟ㄔㄢ雪ㄒㄩㄝ車ㄔㄜ還ㄏㄞ是ㄕ沒ㄇㄟ來ㄌㄞ。
會ㄏㄨㄟ不ㄅㄨ會ㄏㄨㄟ再ㄗㄞ也ㄧㄝ看ㄎㄢ不ㄅㄨ到ㄉㄠ綠ㄌㄩ草ㄘㄠ了ㄌㄜ？

食物快吃完了，
爸爸和媽媽很緊張。
我知道光喝熱水沖泡的巧克力，
我們撐不了太久。

第五天，　我發現一切只能靠我了。
因為我把整本求生指南都記下來。

只ᵇᵇ有ᵇᵇ我ᵇᵇ知ᵇᵇ道ᵇᵇ該ᵇᵇ用ᵇᵇ
哪ᵇᵇ些ᵇᵇ裝ᵇᵇ備ᵇᵇ。

只^业有^{ㄧㄡˇ}我^{ㄨㄛˇ}身^{ㄕㄣ}體^{ㄊㄧˇ}夠^{ㄍㄡˋ}輕^{ㄑㄧㄥ}， 能^{ㄋㄥˊ}在^{ㄗㄞˋ}雪^{ㄒㄩㄝˇ}面^{ㄇㄧㄢˋ}上^{ㄕㄤˋ}行^{ㄒㄧㄥˊ}走^{ㄗㄡˇ}。

第_{ㄉㄧˋ}六_{ㄌㄧㄡˋ}天_{ㄊㄧㄢ}，我_{ㄨㄛˇ}列_{ㄌㄧㄝˋ}了_{ㄌㄜ˙}一_ㄧ張_{ㄓㄤ}清_{ㄑㄧㄥ}單_{ㄉㄢ}。

我_{ㄨㄛˇ}替_{ㄊㄧˋ}雪_{ㄒㄩㄝˇ}橇_{ㄑㄧㄠ}上_{ㄕㄤˋ}好_{ㄏㄠˇ}蠟_{ㄌㄚˋ}。

出發<ruby>ㄔㄨ<rt></rt>ㄈㄚ<rt></rt></ruby>！

積雪很深，
到處白茫茫的，
我根本分不清楚
方向。

但我還是努力的
在長長路途中，
一家一家問鄰居
需要買什麼。

終於到了雜貨店。
我又餓又累，還凍個半死，
不過沒時間管這些了。

我可是身負重任。

回程，我加快腳步，
趕在天黑前把東西交給鄰居。

哇ㄨㄚ！

他ㄊㄚ們ㄇㄣ笑ㄒㄧㄠˋ著ㄓㄜ謝ㄒㄧㄝˋ我ㄨㄛˇ、
誇ㄎㄨㄚ獎ㄐㄧㄤˇ我ㄨㄛˇ，讓ㄖㄤˋ我ㄨㄛˇ
有ㄧㄡˇ力ㄌㄧˋ氣ㄑㄧˋ走ㄗㄡˇ回ㄏㄨㄟˊ家ㄐㄧㄚ。

喵ㄇㄧㄠ。

那天晚上，全家一起喝著熱呼呼的巧克力牛奶，真的好好喝喔！

不過，我們還需要……

我們平安撐過了暴風雪！

作 者 的 話

1978年2月6日星期一，美國東北部經歷了史上的超級強烈暴風雪。大雪連下了兩天，等到風雪停息，羅德島州、麻薩諸塞州和康乃狄克州部分區域，都掩埋在100公分深的雪中。100公分，大概有這本書的四倍高！當時風速達每小時80公里，狂風吹起的積雪，最高可達4.6公尺。我小時候住在羅德島，鏟雪車花了一個多星期才開進我家那一區。

這本書是根據我小時候的真實經歷，描繪一個10歲小男孩面對暴風雪，看他怎麼腳踏網球拍，從家裡走了將近兩公里的路抵達鎮上的雜貨店。

獻給阿萊雅，
她老是纏著我講童年往事給她聽。

小天下
2002年10月創立

暴風雪

作者/約翰‧洛可（John Rocco）　譯者/黃聿君

小天下總編輯/李黨　系列主編‧責任編輯/吳雪梨　封面設計暨美術編輯/吳慧妮（特約）

出版者/遠見天下文化出版股份有限公司　創辦人/高希均、王力行
遠見‧天下文化‧事業群　董事長/高希均　事業群發行人/CEO/王力行
親少兒出版編輯部副社長兼總編輯長/許耀雲　版權部協理/張紫蘭
法律顧問/理律法律事務所陳長文律師　著作權顧問/魏啓翔律師
社址/台北市104松江路93巷1號2樓　讀者服務專線/（02）2662-0012　傳真/（02）2662-0007；（02）2662-0009
電子信箱/gkids@cwgv.com.tw　直接郵撥帳號/1326703-6號　遠見天下文化出版股份有限公司

製版廠/瑞豐實業股份有限公司　印刷廠/詠豐彩色印刷股份有限公司　裝訂廠/精益裝訂股份有限公司
登記證/局版台業字第2517號　總經銷/大和書報圖書股份有限公司　電話/（02）8990-2588
出版日期/2016年1月22日第一版第1次印行　定價/320元

原著書名/BLIZZARD by JOHN ROCCO
Text and illustrations © 2014 by John Rocco
Originally published in the United States and Canada by Disney‧Hyperion Books as BLIZZARD.
This translated edition published by arrangement with Disney‧Hyperion Books.
through Big Apple Agency, Inc., Labuan, Malaysia.
Traditional Chinese edition copyright:
2016 by Global Kids Books, a division of Global Views - Commonwealth Publishing Group
All rights reserved.

ISBN：978-986-320-892-1（精裝）　書號：BKI142
小天下網址 http://www.gkids.com.tw
※本書如有缺頁、破損、裝訂錯誤，請寄回本公司調換。

約翰、托比 - 泰勒和丹妮絲，攝於1971年

作者簡介

約翰·洛可 John Rocco

美國凱迪克銀牌獎得主，知名繪本作家、插畫家，羅德島設計學院、紐約視覺藝術學院畢業。第一份工作是11歲時在羅德島的漁船上負責撈蛤蜊，長大後在娛樂產業擔任藝術總監多年。2005年開始從事兒童繪本創作，第一本就一舉奪下博多書店原聲繪本獎；作品《停電了！》更榮獲凱迪克銀牌獎，以及《出版人週刊》、《華爾街日報》、《學校圖書館期刊》、《柯克思書評》年度最佳童書等多項大獎。

約翰童年時經歷了一場美國歷史上有名的強烈暴風雪，當時是1978年2月，他居住的小鎮被深達100公分的大雪掩埋，約翰用精簡的文字和生動的插圖描繪了自己的童年經驗。他與家人目前居住在加州洛杉磯，想進一步認識他，請上他的個人網站：www.roccoart.com。

譯者簡介

黃聿君

英語系、翻譯研究所畢業，曾任字幕翻譯審稿與出版社編輯，現為專職譯者。翻譯作品曾多次榮獲《中國時報》「開卷」年度最佳青少年圖書與最佳童書、「好書大家讀」年度最佳少年兒童讀物獎，近期譯作有：《追鷹的孩子》、《鯨武士》、《蛇和蜥蜴》、《一個心跳的距離》、《尋找阿嘉莎》等。